Los ciclos de la vida

Mi vida como
GRAN TIBURÓN BLANCO

PICTURE WINDOW BOOKS
a capstone imprint

Publicado por Picture Window Books, una marca de Capstone
1710 Roe Crest Drive, North Mankato, Minnesota 56003
capstonepub.com

Derechos de autor © 2024 por Capstone. Todos los derechos reservados. Ninguna parte de esta publicación puede ser reproducida ni total ni parcialmente, ni almacenada en un sistema de recuperación, ni transmitida de ninguna forma o por ningún medio, ya sea electrónico, mecánico, fotocopia, grabación o de otro tipo, sin la autorización escrita de la casa editorial.

Library of Congress Cataloging-in-Publication Data
Names: Sazaklis, John, author. | Pang, Bonnie, illustrator.
Title: Mi vida como gran tiburón blanco / por John Sazaklis ; ilustrado por Bonnie Pang.
Other titles: My life as a great white shark. Spanish
Description: North Mankato, Minnesota : Picture Window Books, [2024] |
Series: Los ciclos de la vida | Includes index. | Audience: Ages 5 to 7| Audience: Grades K-1
Summary: "Hello! I am a great white shark. Don't be scared by my sharp teeth. I started life being much smaller, just like you! Learn more about my life cycle from hatchling to top predator in the sea"— Provided by publisher.
Identifiers: LCCN 2022051431 (print) | LCCN 2022051432 (ebook) |
 ISBN 9781484687109 (de tapa dura) | ISBN 9781484687062 (PDF libro electrónico)
 ISBN 9781484687086 (kindle edition) | ISBN 9781484687093 (epub)
Subjects: LCSH: White shark—Life cycles—Juvenile literature.
Classification: LCC QL638.95.L3 S2918 2024 (print) | LCC QL638.95.L3 (ebook) | DDC 597.3/3156—dc23/eng/20221028
LC record available at https://lccn.loc.gov/2022051431
LC ebook record available at https://lccn.loc.gov/2022051432Créditos editoriales

Editora: Alison Deering; Diseñadora: Kay Fraser; Investigadora de medios: Svetlana Zhurkin; Especialista en producción: Katy LaVigne

Traducción al español por: PA Bilingual Communication Services

Mi vida como
GRAN TIBURÓN BLANCO

por John Sazaklis

ilustrado por Bonnie Pang

¡**GRRRR!** Soy un gran tiburón blanco! ¡Soy grande e intimidante!

Los científicos hacen lo mejor que pueden para estudiar los grandes tiburones blancos, pero a nosotros nos gusta ser misteriosos. Nos pusieron ese nombre por lo blanco y pálido de nuestra panza.

Estoy dispuesto a contarte de primera mano sobre mi vida en el mar, ¡qué suerte tienes!

Empecemos con el tamaño: no es casualidad que me llamen 'gran', pues ¡soy el jefe del mar!

Aunque no lo creas, no siempre fui grande. Comencé la vida siendo un huevito chiquito que cabe en la palma de tu mano.

Por ser tan chiquito, tuve que compartir mi lugar. Mi mamá me llevaba en su barriga dentro de una bolsa de huevos, junto con unos cinco huevos más.

Imagínate: el futuro jefe del mar, ¿compartiendo cuarto? ¡Qué falta de respeto!

Y por si esto fuera poco, cuando estaba en la barriga de mi mamá, ¡tuve que comerme los otros huevos! Hizo huevos de sobra para que los merendara.

También tuve que tragarme mis propios dientes. Me dieron el **calcio** y los **minerales** que necesitaba para crecer, pero ¡QUÉ ASCO!

Igual, no pasa nada. Tengo unos 300 de los filosos. Si se me cae o rompe alguno, simplemente lo reemplazo por otros cuantos de las siete filas de dientes de repuesto que tengo (si incluimos esos dientes, ¡puedo llegar a tener hasta 3000 dientes a la vez!).

Después de unos 14 meses dentro de la bolsa de huevos, mis hermanos y yo medimos aproximadamente de 4 a 5 pies (de 1.2 a 1.5 metros) de largo. ¡Es hora de salir de la bolsa! ¡Ah, la dulce libertad! Ya nada de compartir un cuartito chiquito con otras cinco **crías**.

Las crías de tiburón no son como los lindos cachorros peluditos que se dan la vuelta y ladran. Nosotros tenemos aletas y **branquias** y una cola.

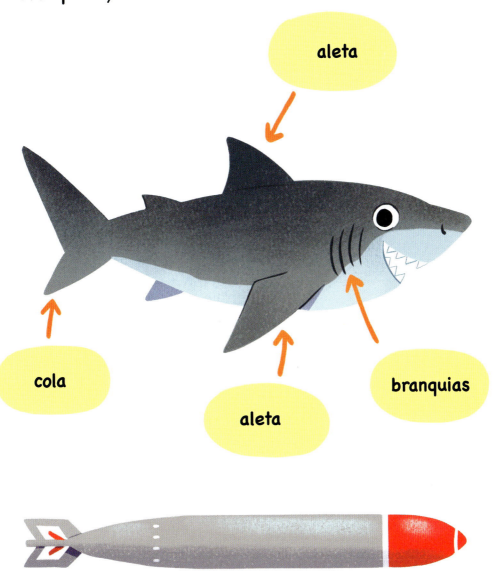

¿Que si muevo la cola cuando estoy feliz? ¡Eso es absurdo! ¡Me propulsa hacia delante como un turbo**torpedo**!

Para que lo sepas, tiburón blanco que se respeta no necesita clases de natación. Aprendí yo solito. ¡Soy nadador nato! No necesito flotadores ni chaleco salvavidas.

Un tiburón necesita su espacio, y ya quiero un poco de **independencia**. Me largo hacia el mar abierto. ¡Hasta luego! o ¡hasta nunca!

También soy un cazador nato. Además de mis dientes fenomenales, tengo papilas gustativas dentro de mi boca y en la garganta. Estas me ayudan a encontrar comida.

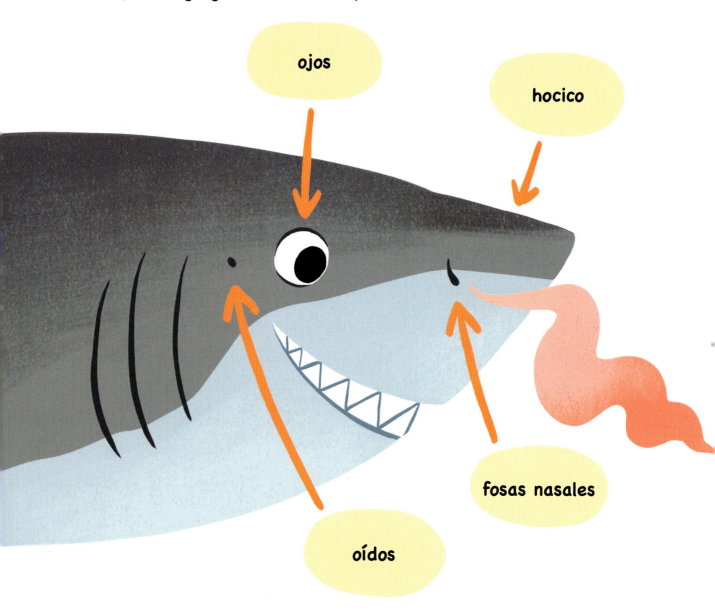

¿Qué otras características maravillosas tengo? Vaya, ¡gracias por preguntar! Tengo un par de fosas nasales en la parte inferior de mi hocico. ¡SNIF, SNIF!

Además, mis ojos son de un azul oscuro profundo y me dan una vista súper aguda. Mis orejas son tan pequeñitas que ni se ven. ¿Te puedes imaginar una criatura que tiene orejas que salen de la cabeza? ¡Qué absurdo se vería!

Mis fuertes sentidos me advierten de la presencia de cualquier criatura hambrienta, como los delfines o ballenas, ¡espero que no me vayan a comer para la merienda! También les apetezco a los tiburones más grandes.

Hablando de comida, ¡tengo mucha hambre! El minimenú de las crías de tiburón incluye peces pequeños y **rayas**. ¡**MMM**!

Las crías de tiburón crecen muy lentamente. Los machos tardan casi 10 años en llegar a ser adultos. ¡Y las hembras tardan más! Ellas no llegan a ser adultas hasta los 12 o 14 años.

JOVEN DEL AÑO

Durante ese tiempo, nos ponemos más fuertes y rápidos. ¡Yo puedo nadar a 35 millas (56 kilómetros) por hora y sumergirme hasta una profundidad de 3900 pies (1189 m)!

No quiero ser presumido, pero soy bastante importante. Bueno, tampoco tanto, ya que no soy el primero en la **cadena alimentaria** . . .

Sigo creciendo y comiendo y creciendo. Cuando llegue a ser adulto, mediré hasta 20 pies (6.1 m) de largo y pesaré hasta 5000 libras (2268 kilogramos). Ha de ser por retención de agua. ¡Ja, ja, ja!

¿Sabías que, entre los tiburones blancos, las hembras son más grandes y fuertes que los machos? ¡Eso sí es fuerza femenina!

La orca, también conocida como ballena asesina, es el único animal más alto que yo en la cadena alimentaria. Con un apodo así, capaz que me coma para su merienda. ¡Hay que tener cuidado!

Hablando de cosas grandes, ahora tengo un **apetito** a la par del tamaño de mi cuerpo. En un solo año, puedo comer 11 toneladas (9979 kg) de comida.

Por favor, ¿me trae el menú para los megacomilones?

¡Eso! Ahora sí. ¡Mira todas estas delicias! Que se cuiden esos delfines, ¡llegó la hora de la revancha!

Mi amor por la comida me lleva por todo el mundo. Sigo mi olfato para encontrar los lugares que tienen muchos peces y **mamíferos** marinos.

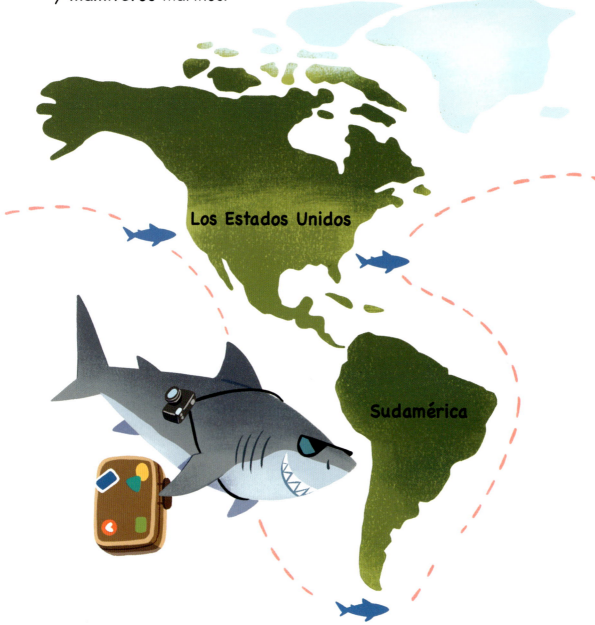

Cazo por las costas de los Estados Unidos, Sudamérica, Japón, Australia, Nueva Zelanda y África. Hasta visito el Mediterráneo para tomar un poco de sol.

Y ya que espero vivir por 60 años, ¡o hasta más!, puedo visitar estos lugares una y otra vez. ¡Soy un verdadero trotamundos!

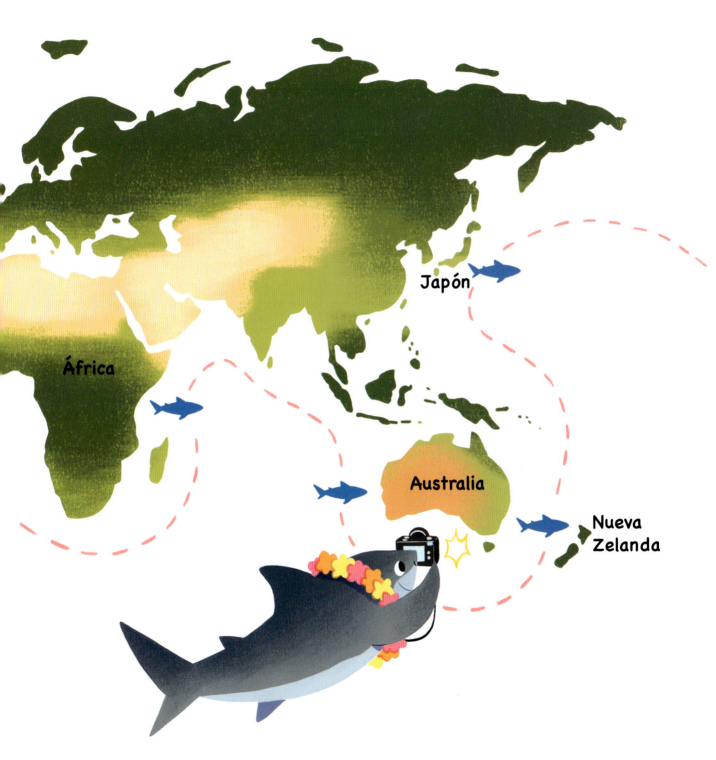

Si piensas que te gustaría encontrarme en mi trayectoria, no eres el único. Los seres humanos se meten en jaulas bajo el agua para estudiarme y observarme. Hasta se escriben libros y se hacen películas sobre mí.

Agradezco los halagos, pero la mejor manera (y más segura) de aprender mis secretos es abrir un libro **mar-avilloso**, ¡como este!, y sumergirte en él.

Mi vida como gran tiburón blanco

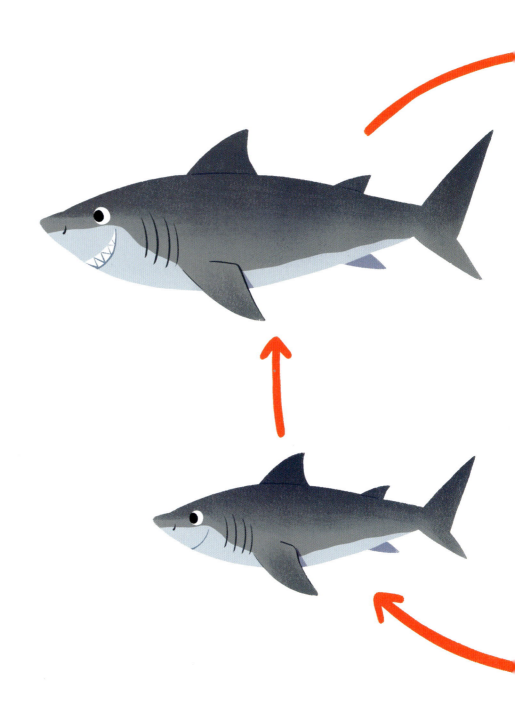

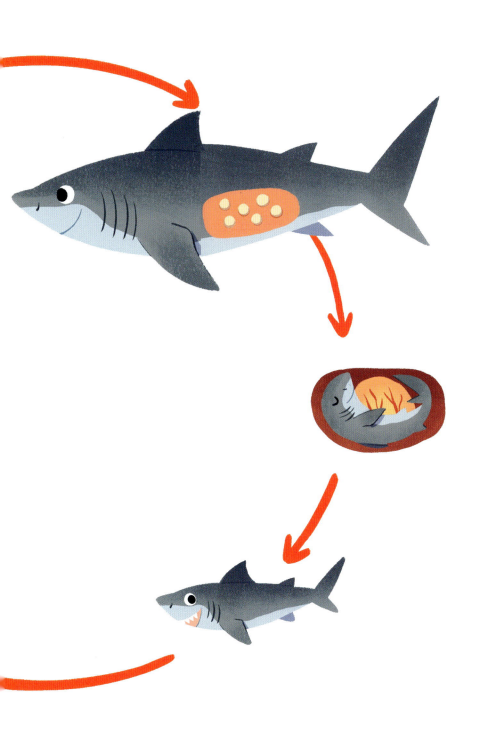

Sobre el autor

John Sazaklis figura en la lista del *New York Times* de los autores con más ventas, ¡con más de 100 libros infantiles en su haber! Además, ha ilustrado libros de Spider-Man, ha creado juguetes para la revista *MAD* y ha sido escritor para la serie animada *BEN 10*. John vive en la ciudad de Nueva York con su esposa y su hija, ambas tienen superpoderes.

Sobre la ilustradora

Bonnie Pang es una ilustradora y artista de cómics que proviene de Hong Kong. Actualmente hace ilustraciones para libros infantiles y crea la serie de webcómic *IT Guy & ART Girl*. Cuando no está dibujando, le gusta ver películas, trabajar en su jardín y explorar nuevos lugares.

Glosario

apetito – el deseo de comer o tomar algo

branquias – una parte del cuerpo de los peces y tiburones que se encuentra en los dos lados y se utiliza para respirar bajo el agua

cadena alimentaria – una serie de especies de seres vivos donde cada serie usa como fuente de comida a las especies del peldaño inferior de la cadena

calcio – un mineral blando, de color blanco plateado, que se encuentra en los dientes y huesos

cría – un tiburón joven

independencia – libertad

mamíferos – animales de sangre caliente que respiran el aire; los mamíferos tienen pelo o pelaje; las mamíferas alimentan a sus crías con leche

mineral – una materia que se encuentra en el mundo natural que no es animal ni planta

raya (con púa) – un pez de cuerpo plano, con aletas que parecen alas y una cola larga y venenosa

torpedo – un misil submarino muy veloz

Índice

adultos, 18, 21
aletas, 11

bolsa de huevos, 7, 10
branquias, 11

cadena alimentaria, 19, 21
caza, 14, 24
cola, 11
comida, 8, 14, 17, 22-24
crecimiento, 8, 18-19, 21
crías, 10-17

depredadores, 16, 21
dientes, 8-9, 14
duración de vida, 25

estudio de tiburones, 5, 26-27

fosas nasales, 14

huevos, 6-8

jóvenes, 18-19

nadar, natación, 12, 19
nombre, 5

ojos, 15
orejas, 15

papilas gustativas, 14

sentidos, 14-16

tamaño, 6, 10, 21
trayectoria, 24-25